Lektürewortschatz zu The Absolutely True Diary of a Part-Time Indian

von Franziska Heymann

Ernst Klett Sprachen
Stuttgart

1. Auflage 1 [6] [5] [4] [3] | 2023 22 21 20

Alle Drucke dieser Auflage sind unverändert und können im Unterricht
nebeneinander verwendet werden.
Die letzte Zahl bezeichnet das Jahr des Druckes. Das Werk und seine Teile
sind urheberrechtlich geschützt. Jede Nutzung in anderen als den gesetz-
lich zugelassenen Fällen bedarf der vorherigen schriftlichen Einwilligung
des Verlags.

Autorin: Franziska Heymann
Redaktion: Astrid Proctor, Paul Newcomb
Layoutkonzeption: Maja Merz
Gestaltung und Satz: Datagroup Int. SRL, Timișoara, Rumänien
Umschlaggestaltung: Greta Gröttrup
Titelbild: basketball player: © shutterstock, Falko Matte,
New York; roadsign: © Terry Voss, Spokane, WA, USA
Druck und Bindung: Salzland Druck, Staßfurt

Printed in Germany
ISBN 978-3-12-578050-7

Inhaltsverzeichnis

1   The setting: colliding worlds
1.1   **The Spokane Native American reservation**   7
1.2   **Reardan**   10

2   Major themes and motifs
2.1   **Identity**
2.1.1   Talking about identity   12
2.1.2   Indian heritage   13
2.1.3   Dual identity   16
2.1.4   The role of basketball   18
2.2   **Poverty and privilege**
2.2.1   Poverty   22
2.2.2   Privilege and opportunity   24
2.2.3   Inequality   25
2.3   **Race and racism**   27
2.4   **Relationships**
2.4.1   Friendship   29
2.4.2   Family   31
2.4.3   Love and sex   32
2.5   **Hopes, dreams and aspirations**   34
2.6   **Alcohol abuse**   35
2.7   **Violence and bullying**
2.7.1   Physical violence and domestic abuse   38
2.7.2   Bullying   40

3   Characterization
3.1   **General terms**   41
3.2   **Arnold Spirit Jr. (Junior)**
3.2.1   Appearance and physical characteristics   42
3.2.2   Character traits and feelings   44
3.3   **Other main characters**
3.3.1   Rowdy   47
3.3.2   Mary Spirit   49
3.3.3   Gordy   50
3.4   **Secondary characters**
3.4.1   Father   52
3.4.2   Mr. P   53
3.4.3   Penelope   54
3.4.4   Grandmother Spirit   55
3.4.5   Coach   56

4   Language and narrative style

4.1   **General terms**   57

4.2   **Humor**   58

4.3   **The cartoons**

4.3.1   Cartoons and the text   61

4.3.2   Role and meaning in the novel   62

Liebe Leserinnen und Leser,

der vorliegende **Lektürewortschatz zu *The Absolutely True Diary of a Part-Time Indian*,** thematisch in vier Kapitel unterteilt, bietet Ihnen ein unerlässliches Hilfsmittel für die mündliche und schriftliche Auseinandersetzung mit dem Roman. Mithilfe der überschaubaren, sinnvoll zusammengestellten Lernportionen erweitern Sie Ihren Wortschatz um verlässliches Vokabular zu allen wichtigen Themen und Motiven des Romans. Mit dem Lektürewortschatz sind Sie somit bestens ausgerüstet, *The Absolutely True Diary of a Part-Time Indian* im Unterricht zu erarbeiten.

Viel Erfolg und Freude bei der Lektüre wünscht Ihnen
Die Redaktion Englisch, Ernst Klett Sprachen GmbH

Übersicht über die verwendeten Symbole und Abkürzungen

adj	adjective	Adjektiv
adv	adverb	Adverb
AE	American English	amerikanisches Englisch
BE	British English	britisches Englisch
derog	derogatory	abwertend
esp	especially	besonders
etw		etwas
form	formal	formell
idiom		Redewendung
inform	informal	umgangssprachlich
jd, jdn, jdm, jds		jemand, jemanden, jemandem, jemandes
n	noun	Nomen, Substantiv
pl	plural	Plural
sb	somebody	(irgend) jemand
sl	slang	Slang
sth	something	(irgend) etwas
uncount	uncountable (noun)	nicht zählbar(es Nomen)
v	verb	Verb
=	synonym	Synonym
≠	antonym	Antonym
▸	words in the same word family	Hinweis auf Wörter der gleichen Familie

Lektürewortschatz zu *The Absolutely True Diary of a Part-Time Indian* auf einen Blick

Infoboxen zu ausgewählten Themen

Hinweise auf regionalen Sprachgebrauch

Nützliche Beispielsätze

Synonyme (=) / Antonyme (≠)

Überschaubare, sinnvoll zusammengestellte Lernportionen

Hinweise auf Wortfamilien

Mindmaps visualisieren wichtige Wortschatzthemen

Deckt Themen ab, die im Kontext vom Roman relevant und wichtig sind.

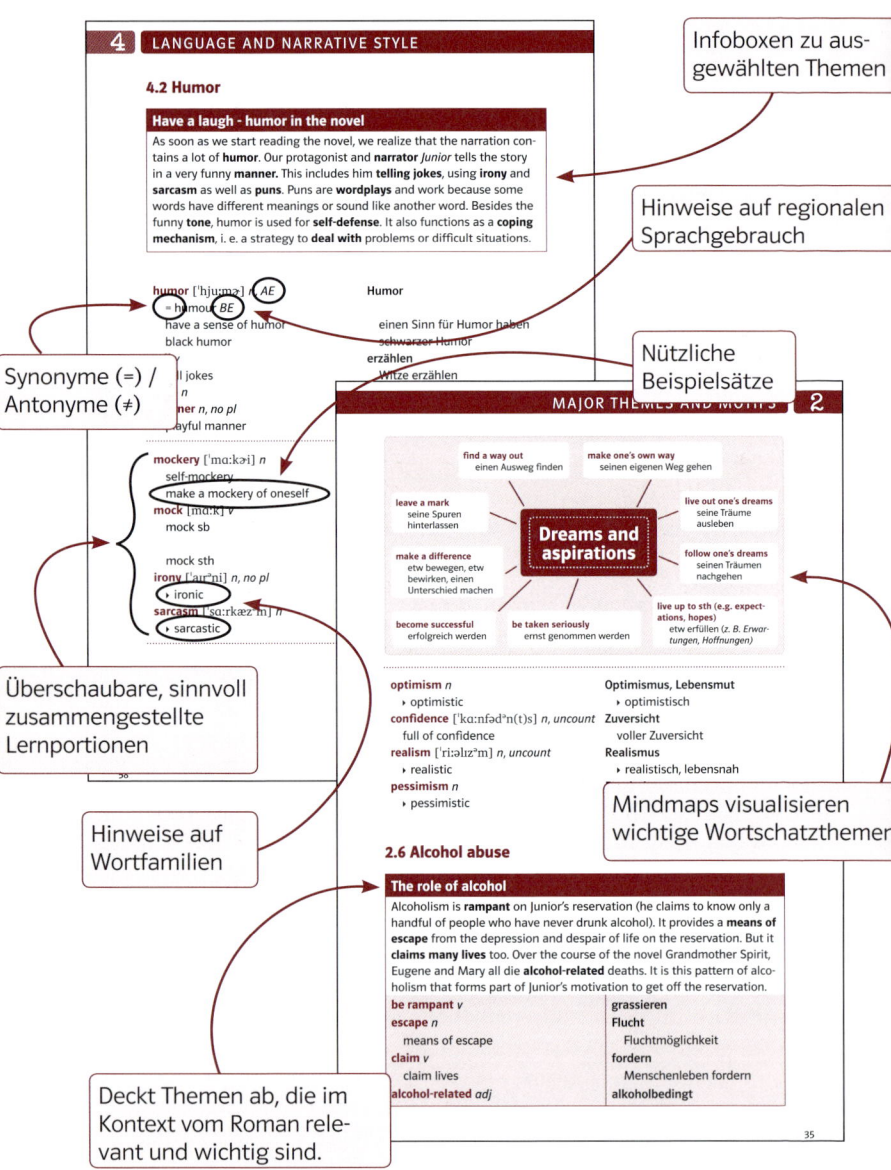

4 LANGUAGE AND NARRATIVE STYLE

4.2 Humor

Have a laugh – humor in the novel

As soon as we start reading the novel, we realize that the narration contains a lot of **humor**. Our protagonist and **narrator** *Junior* tells the story in a very funny **manner**. This includes him **telling jokes**, using **irony** and **sarcasm** as well as **puns**. Puns are **wordplays** and work because some words have different meanings or sound like another word. Besides the funny **tone**, humor is used for **self-defense**. It also functions as a **coping mechanism**, i. e. a strategy to **deal with** problems or difficult situations.

humor ['hjuːmə] *n* (AE)   Humor
= **humour** (BE)
have a sense of humor   einen Sinn für Humor haben
black humor   schwarzer Humor
erzählen
tell jokes   Witze erzählen
n
...ner *n, no pl*
...playful manner

mockery ['mɑːkəi] *n*
self-mockery
make a mockery of oneself
mock [mɑːk] *v*
mock sb
mock sth
irony ['aɪrəni] *n, no pl*
→ ironic
sarcasm ['sɑːrkæzm] *n*
→ sarcastic

2 MAJOR THEMES AND MOTIFS

find a way out
einen Ausweg finden

make one's own way
seinen eigenen Weg gehen

leave a mark
seine Spuren hinterlassen

live out one's dreams
seine Träume ausleben

Dreams and aspirations

make a difference
etw bewegen, etw bewirken, einen Unterschied machen

follow one's dreams
seinen Träumen nachgehen

become successful
erfolgreich werden

be taken seriously
ernst genommen werden

live up to sth (e.g. expectations, hopes)
etw erfüllen (z. B. Erwartungen, Hoffnungen)

optimism *n*   Optimismus, Lebensmut
→ optimistic   → optimistisch
confidence ['kɑːnfədᵊn(t)s] *n, uncount*   Zuversicht
full of confidence   voller Zuversicht
realism ['riːəlɪzᵊm] *n, uncount*   Realismus
→ realistic   → realistisch, lebensnah
pessimism *n*
→ pessimistic

2.6 Alcohol abuse

The role of alcohol

Alcoholism is **rampant** on Junior's reservation (he claims to know only a handful of people who have never drunk alcohol). It provides a **means of escape** from the depression and despair of life on the reservation. But it **claims many lives** too. Over the course of the novel Grandmother Spirit, Eugene and Mary all die **alcohol-related** deaths. It is this pattern of alcoholism that forms part of Junior's motivation to get off the reservation.

be rampant *v*   grassieren
escape *n*   Flucht
means of escape   Fluchtmöglichkeit
claim *v*   fordern
claim lives   Menschenleben fordern
alcohol-related *adj*   alkoholbedingt

1.1 The Spokane Native American reservation

reservation [ˌrezəˈveɪʃᵊn] *n*   *hier:* **Reservat**
  = rez *inform*
tribe [traɪb] *n*   **(Volks-)Stamm**
  native tribe   Eingeborenenstamm
  tribe elder   Stammesälteste(r)
native *adj*   **eingeboren, einheimisch**
community [kəˈmjuːnəti] *n*   **Gemeinschaft, Kommune**
  a sense of community   ein Gemeinschaftsgefühl

custom [ˈkʌstəm] *n*   **Brauch, Sitte**
  popular custom   Volksbrauch
  be the custom   üblich sein
  retain an old custom   einen alten Brauch beibehalten
tradition *n*   **Tradition**
  cultural tradition   Kulturtradition
  carry on a tradition   eine Tradition weiterführen
  pass down a tradition   eine Tradition weitergeben

powwow [ˈpaʊwaʊ] *n*   **Versammlung; indianische Verhandlungen**

celebration [ˌseləˈbreɪʃᵊn] *n*   **Feier, Fest**
  an annual celebration   ein jährliches Fest
  ▸ celebrate   ▸ feiern
nature *n*   **Natur**
  live in harmony with nature   naturnah leben
spirit [ˈspɪrɪt] *n (e.g. soul, supernatural being)*   **Geist, geistiges Wesen** *(z. B. Seele, überirdisches Wesen)*

(American) Indian vs. Native American

In terms of **political correctness** and **cultural sensitivity**, there is an intense discussion about whether the term *(American) Indian* or *Native American* is more appropriate when referring to the **indigenous people** of North America. The terms *Indian* and *American Indian* **stem back to** the time when Columbus discovered America, thinking he had landed in India. As people coming from India are also called Indians, this **terminology** caused confusion, which is why *American Indian* became a common term. However, from the 1960s and 1970s, both terms **were considered disrespectful** and **stereotypical**. As a result, the term *Native American* **developed**. While *American Indian* as well as *Native American* are widely accepted and used interchangeably by many people, the **government** and **advocacy groups tend to** use *American Indian* in a broad sense.

in terms of	in Bezug auf, hinsichtlich
political correctness *n*	politische Korrektheit
cultural sensitivity *n*	kulturelle Sensibilität
indigenous people *n*	Ureinwohner(innen)
stem back to sth *v*	auf etw zurückgehen
terminology *n*	Terminologie, Begrifflichkeit(en)
be considered (sth) *v*	(als etw) angesehen werden
disrespectful *adj*	respektlos
stereotypical *adj*	stereotypisch
develop *v*	sich entwickeln
be used interchangeably *v*	synonym verwendet werden
government *n*	Regierung
advocacy groups *n, pl*	Interessenvertretungen
tend *v*	neigen

imprisoned [ɪmˈprɪzᵊnd] *adj*	gefangen
feel imprisoned	sich gefangen fühlen
isolation [ˌaɪsᵊlˈeɪʃᵊn] *n*	Isolation; Abgeschiedenheit *(Dorf)*
The Spokane Native Americans **live in isolation** from other tribes and people.	Die Spokane Indianer leben isoliert von anderen Stämmen und Leuten.
disempowerment [ˈdɪsɪmˈpaʊᵊmənt] *n*	Entmachtung
▸ disempowered	▸ entmachtet

disenfranchisement [ˌdɪsɪnˈfræn(t)ʃaɪzmənt] *n, no pl*
    Entziehung des Wahlrechts; Aberkennung bürgerlicher Rechte

disenfranchised [ˌdɪsɪnˈfræn(t)ʃaɪzd] *adj*
    entrechtet; vom aktiven Wahlrecht ausgeschlossen
    ▸ disenfranchise sb
    ▸ jdn entrechten, jdn das Wahlrecht entziehen

oppression [əˈpreʃⁿn] *n, no pl*
    Unterdrückung
    ▸ oppress sb
    ▸ jdn unterdrücken
    Minorities all over the world **suffer political and racist oppression**.
    Weltweit leiden Minderheiten unter politischer und rassistischer Unterdrückung.

---

vicious circle [ˈvɪʃəsˌsɜːrkl̩] *n*
    Teufelskreis(lauf)
    trapped in a vicious circle
    in einem Teufelskreis gefangen
poverty [ˈpɑːvəṭi] *n, no pl*
    Armut
    poverty-stricken
    von Armut geplagt
    face poverty
    der Armut ausgesetzt sein
violence [ˈvaɪəlⁿn(t)s] *n, no pl*
    Gewalt
    counterviolence
    Gegengewalt
    drunken violence
    Gewalttätigkeiten unter Alkoholeinfluss

---

unemployment [ˌʌnɪmˈplɔɪmənt] *n, no pl*
    Arbeitslosigkeit
alcoholism [ˈælkəhɑːlɪzⁿm] *n, no pl*
    Alkoholismus, Alkoholsucht
loss *n*
    Verlust
    job losses *pl*
    Wegfall von Arbeitsplätzen
    loss of life
    Verluste an Menschenleben
death *n*
    Tod, Sterben
    Death is a frequent event in the 'rez'.
    Der Tod ist ein häufiges Ereignis im Reservat.

---

hopelessness *n*
    Hoffnungslosigkeit, Auswegslosigkeit
bleak *adj*
    trostlos
    bleak future
    trostlose Zukunft
depression *n*
    Depression
despair [dɪˈsper] *n, no pl*
    Verzweiflung
    ▸ desperate
    ▸ verzweifelt

1.2 Reardan

The 'rez' vs. Reardan	
The 'rez'	**Reardan**
reservation	farm town
'Indians'	white people
beautiful landscape (e.g. pine trees, Turtle Lake)	wheat fields
exclusion of 'others'	racism
outdated school equipment	the latest school equipment
poverty	wealth
unemployment	plenty of work
hopelessness	hope
familiar atmosphere (community)	more distant atmosphere (people can be like strangers)

town *n*
  hick town *inform*
homogenous [ˌhoʊmoʊˈdʒiːniəs] *adj*
  Reardan is an **ethnically homoge-neous** town, populated almost exclusively by white people.

wealth [welθ] *n, no pl*
  seek wealth
  ▸ wealthy
prosperity [prɑːˈsperəti] *n, no pl*
  ▸ prosperous
  Compared to the 'rez', people in Reardan **live in prosperity**.

Stadt
  (Bauern-)Kaff, Provinz
homogen, gleichartig
  Reardan ist eine ethnisch homogene Stadt, die fast ausschließlich von Weißen bevölkert ist.

Reichtum, Wohlstand
  nach Wohlstand streben
  ▸ reich, wohlhabend
Wohlstand
  ▸ wohlhabend, reich
  Im Vergleich zum Reservat leben die Leute in Reardan in Wohlstand.

exclusion [eksˈkluːʒᵊn] *n*
  racial exclusion
  exclusion from school
exclude (sb / sth from sth) *v*
racism *n*
redneck *n*, *inform*

marginalization
  [ˌmɑːrʤɪnᵊlɪˈzeɪʃᵊn] *n*, *no pl*
  social marginalization
  ▸ marginalize sb / sth

Ausschluss, Ausgrenzung
  rassistische Ausgrenzung
  Schulausschluss
(jdn / etw von etw) ausschließen
Rassismus
Landei *(weiße(r) Arbeiter(in), oft*
  mit reaktionären Ansichten)
Ausgrenzung, Marginalisierung

  soziale Ausgrenzung
  ▸ jdn / etw ausgrenzen, jdn /
  etw ins Abseits drängen

---

outdated *adj*
  = out-of-date
latest *adj*
old-fashioned *adj*
  While teeangers in Reardan wear
  the latest clothes, Junior wears old-
  fashioned, cheap clothing.

junior high school
  [ˌʤuːnjəˈhaɪskuːl] *n*, *AE*

high school *n*

  attend / go to school
transfer *v*
  transfer to another school

(school) mascot *n*
  Besides Junior, the only 'Indian' in
  town is the school mascot.

atmosphere [ˈætməsfɪr] *n*
  familiar atmosphere

veraltet, überholt

aktuellste(r/s), neueste(r/s)
altmodisch, überholt
  Während die Teenager in
  Reardan die neuesten Klamot-
  ten tragen, trägt Junior alt-
  modische und billige Kleidung.

etwa: **Unterstufe der weiter-**
  führenden Schule
  (12- bis 15-Jährige)
etwa: **weiterführende Schule**
  (USA: 14- bis 18-Jährige)
  zur Schule gehen
wechseln
  die Schule wechseln, auf eine
  andere Schule wechseln
(Schul-)Maskottchen
  Das Schulmaskottchen ist
  neben Junior der einzige andere
  'Indianer' in der Stadt.

Atmosphäre
  familiäres Klima

2.1 Identity

2.1.1 Talking about identity

What is an identity?

The word **identity** comes from the Latin word *idem*, meaning 'the same'. On the one hand, we use this word when we refer to the *sameness* of our character and behavior at different times, i.e. our **basic personality**. On the other hand, it stresses our ***individuality***. This means that each and everyone of us has his or her own **distinguishing personality.**

identity n *(the way sb sees himself/ herself)*	Identität
search for identity	Identitätssuche
develop an identity	eine Identität entwickeln, eine Identität herausbilden
find one's identity	seine Identität finden
individual identity	individuelle Identität
group identity	Gruppenidentität
common identity	Zusammengehörigkeitsgefühl, gemeinsame Identität
have multiple identities	verschiedene Identitäten haben
Language, territory, ethnicity, social class and gender are considered **identity-forming factors**.	Sprache, Raum, Ethnie, Gesellschaftsschicht und Geschlecht werden als identitätsstiftende Faktoren angesehen.
character ['kerəktə] n	*hier:* **Charakter, Wesensart**
personality [ˌpɜːrsəˈnæləṭɪ] n	**Persönlichkeit, Charakter**
personality development	Persönlichkeitsentwicklung
Personal and collective memories shape an individual's personality.	Persönliche und gesellschaftliche Erinnerungen formen die Persönlichkeit einer Person.
individuality n	**Individualität**
distinguishing [dɪˈstɪŋgwɪʃɪŋ] adj	**charakteristisch, kennzeichnend**
a distinguishing feature	ein Erkennungszeichen, ein Unterscheidungsmerkmal

process [ˈprɑːses] *n*
  Developing an identity does not
  happen from one day to the next –
  it is a process.

Prozess, Vorgang, Verlauf
  Das Herausbilden einer Identität geschieht nicht von heute
  auf morgen – es ist ein Prozess.

aware [əˈweɪ] *adj*
  be aware of sth
  become aware of sth

  ‣ awareness
belonging *n*
  have a sense of belonging
belong (to sth) *v*
  belong somewhere

bewusst
  sich einer Sache bewusst sein
  sich einer Sache bewusst
  werden
  ‣ Bewusstsein
Zugehörigkeit
  sich dazugehörig fühlen
(zu etw) dazugehören
  irgendwo hinpassen

2.1.2 Indian heritage

heritage [ˈherɪtɪdʒ] *n, no pl*
  celebrate one's heritage
  accept one's heritage
  The Spokane Native Americans
  have a rich cultural heritage that
  has been passed on for hundreds of
  years.
history *n*
  have a rich history

  ‣ historic
roots [ˈruːts] *n pl*
  historical roots
  local roots
  Junior's roots are in the reservation.

Erbe
  sein Erbe feiern
  sein Erbe akzeptieren
  Die Spokane Indianer haben
  ein reiches kulturelles Erbe, das
  über mehrere Jahrhunderte
  weitergegeben wurde.
(die) Geschichte
  eine bedeutende Vergangenheit haben
  ‣ geschichtlich bedeutsam
hier: Wurzeln, Ursprung
  geschichtliche Wurzeln
  lokale Verankerungen
  Juniors Wurzeln liegen im
  Reservat (= Er ist im Reservat
  aufgewachsen.)

spiritual [ˈspɪrɪtʃuəl] *adj*
  spiritual leader
live in close touch with nature *v*

geistlich, spirituell
  geistliches Oberhaupt
naturverbunden sein

superstitious [ˌsuːpəˈstɪʃəs] *adj*   **abergläubisch**
   ▸ superstition   ▸ Aberglaube
tolerant *adj*   **tolerant, duldsam**
   be tolerant towards sb   jdm gegenüber tolerant sein

---

nomadic *adj*   **nomadisch, nicht sesshaft**
   lead a nomadic life   von Ort zu Ort wandern
   nomadic existence   Nomadendasein, Nomadentum
nomad [ˈnoʊmæd] *n*   **Nomade, Nomadin**
   nomad's life   Nomadenleben
communal *adj*   **gemeinsam, gemeinschaftlich**
   communal spirit   Zusammengehörigkeitsgefühl
stick together *v*   **zusammenhalten**
family person *n*   **Familienmensch**

---

past [pæst] *n, no pl*   **Vergangenheit**
   vanishing past   schwindende Vergangenheit
conquer [ˈkɑːŋkɚ] *v*   **erobern, besiegen**
   Ever since Europeans settled in   Seit der europäischen Besied-
   North America, Native Americans   lung sind die Ureinwohner
   have been a conquered people.   Amerikas ein besiegtes Volk.
force [fɔːrs] *v*   **(er-)zwingen**
   force sb to do sth   jdn zwingen etw zu tun
   Western culture was **forced on**   Den amerikanischen Ureinwoh-
   Native Americans.   nern / -innen wurde die west-
                                   liche Kultur aufgezwungen.

---

adaptation [ˌædæpˈteɪʃ°n] *n*   *hier:* **Anpassung**
adapt (to sth) *v*   **sich (an etw) anpassen**
   Native Americans had to **adapt to**   Die Ureinwohner Amerikas
   the Western lifestyle.   mussten sich an den westli-
                                   chen Lebensstil anpassen.
assimilation [əˌsɪməˈleɪʃ°n] *n, no*   **Assimilation** *(Übernahme der*
pl (process by which a person's or   *kulturellen Wertvorstellungen*
group's culture is given up in favor of   *und Gebräuche der Mehr-*
the culture of the dominant group's   *heitskultur, bei gleichzeitiger*
culture)   *Aufgabe der eigenen Kultur)*
   forced assimilation   Zwangsassimilation
   undergo a process of assimilation   einen Assimilationsprozess
                                     durchlaufen

assimilate *v*
assimilate into a new society

sich anpassen
sich in eine neue Gesellschaft
eingliedern

disloyalty [dɪˈslɔɪəlt͡ʃi] *n, no pl*
  ▸ disloyal (towards sb / sth)
  Junior feels that he has been
  accused of **disloyalty towards** the
  tribe.
betrayal [bɪˈtreɪəl] *n*
  ▸ traitor
betray sb / sth *v*
  betray one's ideals
deceive (sb) [dɪˈsiːv] *v*
  deceive oneself
abandonment [əˈbændənmənt] *n, no
  pl (e.g. of a place, a person)*
act *v*
  Junior has the feeling he has **to act
  as if** he is white.
part-time *adj*
  Being Indian has become Junior's
  part-time job.

Illoyalität, Treulosigkeit
  ▸ illoyal (gegenüber jdm / etw)
  Junior fühlt sich der Illoyalität gegenüber des Stammes
  beschuldigt.
Verrat
  ▸ Verräter(in)
jdn / etw verraten
  seine Ideale aufgeben
(jdn) täuschen, (jdn) hintergehen
  sich (selbst) etw vormachen
**Verlassen (eines Ortes); einer
  Person**
sich geben; handeln
  Junior hat das Gefühl er müsse
  sich wie ein Weißer verhalten.
nebenberuflich
  Das Indianersein wurde zu
  Juniors Nebenjob.

2.1.3 Dual identity

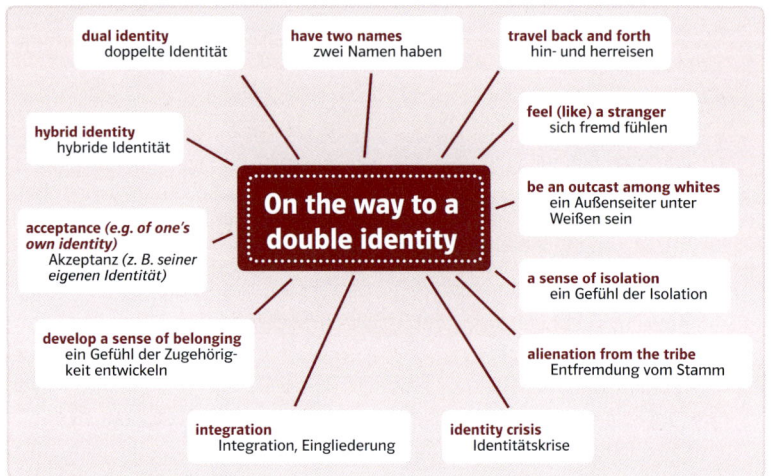

stranger [ˈstreɪndʒə] n
  feel like a stranger
intruder [ɪnˈtruːdə] n
  ▸ intrude

  People treat Junior as if he was an
  intruder in their town.

outcast n
  ≠ member
  be an outcast among (e.g. whites,
  rich people)
isolation n
  social isolation

Fremde(r); Neuling
  sich fremd fühlen
Eindringling; auch: Einbrecher(in)
  ▸ eindringen, stören, sich
  eindrängen
  Die Leute behandeln Junior
  als wäre er ein Eindringling in
  ihrer Stadt.

hier: Außenseiter(in)
  ≠ Mitglied, Angehörige(r)
  ein(e) Außenseiter(in) unter
  (z. B. Weißen, Reichen) sein
Isolation
  gesellschaftliche Isolation

alienation (from sb / sth)
[ˌeɪliəˈneɪʃ³n] *n, no pl (e.g. the community, others, society)*
= estrangement
cultural and personal alienation

‣ alienated
crisis *n*
be in a crisis

Junior experiences an **identity crisis**.

Entfremdung (von jdn / etw)
(z.B. der Gemeinschaft, anderen, der Gesellschaft)

kulturelle und persönliche Entfremdung
‣ entfremdet
Krise
sich in einer Krise(nsituation) befinden
Junior durchläuft eine Identitätskrise.

---

blame [bleɪm] *n*
take the blame for sth

put the blame for sth on sb
Is Junior **to blame for** wanting to escape the vicious circle of life in the 'rez'?

shame [ʃeɪm] *n, no pl*
bring shame on sb

ashamed *adj*
be ashamed (of sth)
struggle *n*
struggle through sth (e.g. life)

struggle with problems

Schuld
die Schuld für etw auf sich nehmen
jdm für etw die Schuld geben
Kann man Junior für den Wunsch aus dem Teufelskreis-lauf des Lebens im Reservat auszubrechen schuldig sprechen?

Scham(-gefühl)
jdn beschämen, Schande über jdn bringen
beschämt
sich (wegen/für etw) schämen
Kampf, Anstrengung
sich durch etw kämpfen
(z. B. das Leben)
mit Problemen kämpfen

---

fit in *v*
the desire to fit in somewhere

find (sth) *v*
find your identity
integration [ˌɪntəˈgreɪʃ³n] *n, no pl*
‣ integrate sb / sth *(into sth)*

hineinpassen
der Wunsch danach irgendwo hineinzupassen
(etw) finden
seinen Platz finden
Integration, Eingliederung
‣ jdn / etw (in etw) integrieren

belonging *n*
  have a sense of belonging

belong *v*
  = be a member of
  belong to more than one community

Zugehörigkeit
  sich dazugehörig fühlen

dazugehören

  verschiedenen Gemeinschaften
  angehören

---

acceptance *n*
  social acceptance
  ‣ accept sb / sth *(e.g. one's identity)*

hybrid identity *n*
  Hybrid identities may occur when
  the culture of one group mixes with
  another one.

double identity *n*
  = dual identity

Akzeptanz
  soziale Anerkennung
  ‣ jdn / etw akzeptieren
    (z. B. seine Identität)

hybride Identität
  Hybride Identitäten können
  entstehen, wenn sich die
  Kultur einer Gruppe mit der
  einer anderen vermischt.

doppelte Identität

2.1.4 The role of basketball

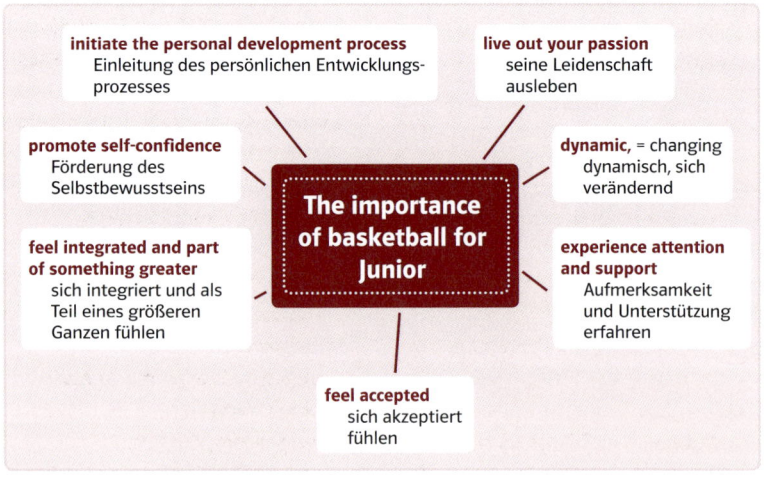

game *n*
  = match [mætʃ]
  On game days, Junior is usually
  very nervous.

Spiel

An Spieltagen ist Junior
normalerweise sehr aufgeregt.

season [ˈsiːzᵊn] *n*
  game season

Saison
Spielsaison

team *n*
  team member
  team-mate

Team, Mannschaft
Teammitglied
Mannschaftskamerad(in)

player [ˈpleɪɚ] *n*

Spieler(in)

jock *n*, *AE*, *inform*, *derog*

Sportskanone

- -

try-out *n*, *inform*

Testspiel, Probespiel

try out (for a team) *v*, *esp AE*

sich (bei einer Mannschaft)
versuchen

varsity [ˈvɑːrsəti] *n*, *esp AE*

Schulauswahl, Uniauswahl; erste
(Schul-)Mannschaft

  make varsity

es in die Schulauswahl
schaffen

spirit *n*, *uncount*

Elan, Temperament, Enthusias-
mus

  team spirit
  That's the spirit!

Teamgeist
Das ist die richtige Einstellung!

support (sb) *v*

(jdn) fördern, (jdn) unterstützen

- -

determination [dɪˌtɜːrmɪˈneɪʃᵊn] *n*,
  uncount
  great determination
  show determination
  ▸ determined

Entschlossenheit, Bestimmtheit

große Entschlossenheit
Entschlossenheit zeigen
▸ entschlossen, zielstrebig

ambition [æmˈbɪʃᵊn] *n*
  ▸ ambitious

Ehrgeiz, Ziel, Ambition
▸ ambitioniert, ehrgeizig

commitment [kəˈmɪtmənt] *n*

Engagement, Einsatz

commit to sb / sth *v*

sich gegenüber jmd / zu etw
verpflichten

dedication [ˌdedɪˈkeɪʃᵊn] *n*
  The more Junior gets to play, the
  greater is his **dedication to succeed**.

Engagement, Einsatz
Je mehr Junior spielen darf,
desto größer wird seine
Leistungsbereitschaft.

perseverance [ˌpɜːrsəˈvɪrəns] *n, no pl* — Beharrlichkeit, Ausdauer
‣ persevering — ‣ beharrlich, ausdauernd
stamina [ˈstæmənə] *n* — **Ausdauer, Durchhaltevermögen**

prove (sth) [pruːv] *v* — **(etw) beweisen**
prove oneself — sich beweisen
prove sb wrong — jdn das Gegenteil beweisen
overcome (sth) *v* — **etw bewältigen, etw überwinden**
overcome one's fears — seine Ängste überwinden
overcome one's weaker self — seinen inneren Schweinehund überwinden

expectation [ˌekspekˈteɪʃən] *n* — **Erwartung**
fulfill expectations — Erwartungen erfüllen
have high expectations of oneself — große Erwartungen an sich selbst haben

live up to *v* — **gerecht werden**
live up to sb's expectations — jds Erwartungen gerecht werden

outgrow (sth) *v (e.g. a habit)* — **aus etw herauswachsen; über etw hinauswachsen (Gewohnheit)**

Junior outgrew the school on the reservation. — Junior entwuchs der Schule im Reservat.
acceptance *n* — **Akzeptanz**
social acceptance — soziale Anerkennung
‣ accept sb / sth *(e.g. one's identity)* — ‣ jdn / etw akzeptieren (*z. B. seine Identität*)

recognition [ˌrekəgˈnɪʃən] *n, no pl* — **Anerkennung**
Being an excellent basketball player helps Junior **achieve social recognition**. — Dass Junior ein guter Spieler ist, hilft ihm soziale Anerkennung zu finden.
unite [juːˈnaɪt] *v* — **sich zusammenschließen**
unite forces with sb — sich / seine Kräfte mit jdm zusammentun

turning point *n*

    Being accepted into the varsity team **marks a turning point** in Junior's life.

Wende(punkt)

    Die Aufnahme in die Schulmannschaft markiert einen Wendepunkt in Juniors Leben.

transition *n*

    be in transition

    Teenagers are in a period of transition which is often difficult; they are neither a child, nor an adult.

Übergang, Wandel

    in einer Übergangsphase sein

    Jugendliche befinden sich in einer oft schwierigen Phase des Übergangs – Sie sind keine Kinder mehr, aber auch noch nicht erwachsen.

emancipation [ɪˌmæn(t)sɪˈpeɪʃᵊn] *n, no pl*

Befreiung, Emanzipation

emancipate oneself from sb / sth *v*

    Basketball in particular helps Junior to emancipate himself from the predefined life he was supposed to lead.

sich von jdm / etw emanzipieren

    Besonders Basketball hilft Junior sich von dem für ihn vorbestimmten Leben zu befreien.

....

hope [hoʊp] *n*

    give sb hope

Hoffnung

    jdm Hoffnung geben, jdn ermuntern

gain (sth) [geɪn] *v*

(etw) erhalten, (etw) erlangen, (etw) gewinnen

    gain trust and confidence

    Vertrauen und Anerkennung gewinnen

    gain acceptance (from sb)

    Nothing ventured, nothing gained. *idiom*

    Akzeptanz (von jdm) erlangen

    Wer nicht wagt, der nicht gewinnt.

confidence [ˈkɑːnfədᵊn(t)s] *n, uncount*

    full of confidence

Zuversicht

    voller Zuversicht

self-confidence [ˌselfˈkɑːnfədᵊn(t)s] *n*

    increase one's self-confidence

    lack of self-confidence

Selbstvertrauen

    sein Selbstvertrauen stärken

    mangelndes Selbstvertrauen

2.2 Poverty and privilege

2.2.1 Poverty

poverty [ˈpɑːvəti] *n, no pl* — **Armut**
  poverty-stricken — von Armut geplagt
  face poverty — der Armut ausgesetzt sein
the **poverty line** [ˈpɑːvəti ˌlaɪn] *n* — **Armutsgrenze** *(Mindesteinkommen, unterhalb dessen Menschen als „arm" gelten)*
  live below the poverty line — unter(halb) der Armutsgrenze leben
poor [pʊr] *adj* — **arm**

money *n* — **Geld**
  borrow money — sich Geld leihen
  not have enough money — nicht genügend Geld haben
  save money — Geld sparen
  earn money — Geld verdienen
scrape money together [skreɪp] *v* — **Geld zusammenkratzen**
struggle with sth *v (e.g. poverty)* — **mit etw zu kämpfen haben** *(z. B. Armut)*

pretend (sth) *v*	(etw) vortäuschen, (etw) vorgeben
pretend to be rich	vorgeben reich zu sein
lie *v*	lügen
lie about sth *(e.g. money)*	über etw lügen *(z. B. Geld)*
vicious circle [ˈvɪʃəsˌsɜːrkl̩] *n*	Teufelskreis(lauf)
be trapped in a vicious circle	in einem Teufelskreis gefangen sein
unemployment [ˌʌnɪmˈplɔɪmənt] *n, no pl*	**Arbeitslosigkeit**

sacrifice [ˈsækrəfaɪs] *n*	**Opfer**
make sacrifices	Opfer bringen
powerless *adj*	**machtlos**
be powerless against sb / sth	gegen jdn / etw nicht ankommen
‣ powerlessness	‣ Machtlosigkeit
‣ the powerless	‣ die Entmächtigten
worthless *adj*	**wertlos**
feel worthless	sich wertlos fühlen

clothes *n*	**Kleider, Kleidung**
wear everyday clothes	Alltagskleidung tragen
ragged clothes	abgerissene Kleidung
hand-me-downs *n pl*	**abgelegte Kleidungsstücke**
second-hand *adj*	**gebraucht, secondhand**

hungry *adj*	**hungrig**
go hungry	hungern, Hunger leiden
starve *v*	**hungern**
be famished *v, inform*	**einen Riesenhunger haben**
meal *n*	**Mahlzeit, Essen, Gericht**
miss a meal	eine Mahlzeit verpassen, eine Mahlzeit auslassen
eat *v*	**essen**
do not have enough to eat	nicht genug zu essen haben
fast food *n*	**Fast Food**
treat *n*	*hier:* **Leckerbissen**
as a special treat	als besonderer Leckerbissen

2.2.2 Privilege and opportunity

White privilege

White **privilege** refers to an **institutionalized preference** of whiteness in (American) society, **granting** white people **advantages** in various areas such as wealth, education, health care, politics and criminal procedures. For example, while people of color even nowadays are routinely stopped and randomly checked by the police, white people do not have to worry about such a thing at all.

privilege [ˈprɪvᵊlɪdʒ] *n*	Privileg, Vorzug
enjoy certain privileges	gewisse Vorzüge genießen
‣ privilege *(sb)*	‣ (jdn) bevorzugen, (jdn) privilegieren
privileged *adj*	privilegiert, bevorzugt
the less privileged	die Unterpriviligierten
benefit *n*	**Vorteil**
= advantage	
benefit (from sth) *v*	(von etw) profitieren
for sb's benefit	zu jds Gunsten

advantage [ədˈvæːntɪdʒ] *n*	**Vorteil**
≠ disadvantage	
take advantage of sth / sb	jd / etw ausnutzen
supremacy [səˈpreməsi] *n*	**Vorherrschaft, Vormachtstellung**
= (pre)dominance	
white supremacy	Voherrschaft der Weißen
preference [ˈprefᵊrᵊn(t)s] *n*	**Vorliebe**
give preference to (sb/sth)	(jdm/etw) bevorzugen
[ˈprefərəns] *v*	

grant (sb sth) *v*	(jdm etw) gewähren
grant preferences	Präferenzen einräumen
take (sth) for granted *v*	(etw) für selbstverständlich halten
be entitled to sth *v (e.g. vote)*	auf etw das Recht haben, einen Anspruch auf etw haben *(z. B. wählen)*

injustice [ɪnˈdʒʌstɪs] *n*	Ungerechtigkeit
≠ justice	
to do sb an injustice	jdm Unrecht tun
social injustice *pl*	soziale Ungerechtigkeiten

opportunity [ˌɑːpəˈtuːnəti] *n*	Gelegenheit, Möglichkeit
education(al) opportunity	Bildungschance
Native Americans have fewer opportunities than whites.	Amerikanische Ureinwohner haben weniger Chancen als Weiße.
equal opportunity *n*	Chancengleichheit
deserve (sth) [dɪˈzɜːrv] *v (e.g. acknowledgement)*	(etw) verdienen (*z. B. Anerkennung*)
You deserve better!	Du hast Besseres verdient!
(be) deserving (of sth) *v*	(einer Sache) würdig (sein)

2.2.3 Inequality

Opposing worlds - opposing people

Besides the 'white' and 'Indian' distinction, **inequality** is depicted in the several **opposing** ways in which the 'Indians' **are** usually **worse off**. Not only are they **disadvantaged** because they are a **minority group**, but also because of differences in **social status**. Living conditions and life events **differ greatly**. For example, while leaving their home town and going to college is an option for white people, 'Indians' **are stuck in** a world of poverty without any hope or opportunities to **escape from** it.

inequality *n*	Ungleichheit
educational inequality	Bildungsungleichheit
racial inequality	rassenspezifische Ungleichheit
opposing *adj*	gegensätzlich
be worse off *v*	schlimmer dran sein
(be) disadvantaged *adj*	benachteiligt (sein)
minority (group) *n*	Minderheit(-engruppe)
(social) status [ˈstætəs] *n, no pl*	(sozialer) Status
differ (greatly) *v*	sich (stark) unterscheiden
be stuck *v*	festsitzen, feststecken
escape (from sth) *v*	(aus etw) entkommen

discrimination *n, uncount*
discrimination against minorities

(social) hierarchy [ˈhaɪrɑːrki] *n*

standing in the social hierarchy

imbalance *n*
≠ balance
imbalance of power
rigid [ˈrɪdʒɪd] *adj*
= inflexible
Due to **rigid structures**, minority groups in the US are still discriminated against.

Diskriminierung, Benachteiligung
Diskriminierung von Minderheiten

(soziale) Hierarchie, (soziale) Rangordnung
Stellung in der sozialen Hierarchie

Ungleichgewicht, Missverhältnis

Machtgefälle
starr, steif

Aufgrund starrer Strukturen werden Minderheitengruppen in den USA noch immer diskriminiert.

struggle to make ends meet
Mühe haben, über die Runden zu kommen

treatment in criminal procedures
Behandlung in Stafverfahren

lack of infrastructure on reservations
mangelnde Infrastruktur in den Reservaten

lower life expectancy
geringere Lebenserwartung

opportunities for social advancement
soziale Aufstiegsmöglichkeiten

Inequality facing Native Americans

access to healthy, affordable food
Zugang zu gesundem, bezahlbarem Essen

access to and provision of healthcare
Zugang zu und Erhalten gesundheitlicher Versorgung

lack of good education
mangelnde Bildung

high rate of unemployment
hohe Arbeitslosenrate

representation in politics
Vertretung in der Politik

2.3 Race and racism

race n	**Rasse**
ethnicity [eθˈnɪsəti] n, no pl	**Ethnie, Volkszugehörigkeit**
racism n	**Rassismus**
racist adj	**rassistisch**
make racist remarks	sich rassistisch äußern

prejudice [ˈpredʒədɪs] n, uncount	**Vorurteil**
prejudice against sb / sth	ein Vorurteil gegen jdn / etw
hold a racial prejudice	ein Rassenvorurteil haben
prejudiced [ˈpredʒədɪst] adj	**voreingenommen**
be prejudiced against sb / sth	jdm / etw gegenüber voreingenommen sein
be racially prejudiced	Rassenvorurteile haben
stereotype [ˈsteriətaɪp] n	**Stereotyp, Klischee**
racist stereotypes	rassistische Vorurteile
▸ stereotype sb / sth	▸ jdn / etw klischeehaft darstellen
bias [ˈbaɪəs] n	**Vorurteil, Voreingenommenheit**
racial bias	rassistisches Vorurteil
▸ biased	▸ voreingenommen

Definition: Racism

Racism is a **mindset** or **ideology** that race or ethnicity predetermine traits and abilities, with one race being **superior to** another.

mentality [menˈtæləti] n	**Mentalität, Denkweise**
develop a siege mentality	sich zunehmend bedroht fühlen
mindset n	**Denkart, Denkweise, Mentalität**
shift one's mindset	die Art und Weise verändern wie man über etw denkt
ideology [ˌaɪdiˈɑːlədʒi] n	**Ideologie, Weltanschauung**
a political ideology	eine politische Ideologie
predetermine sth v	**etw vorherbestimmen**

bigotry [ˈbɪɡətri] *n, no pl* — Fanatismus, Engstirnigkeit
  ▸ bigot — ▸ Fanatiker(in)
narrow-minded *adj* — engstirnig
  a narrow-minded bigot — ein voreingenommener Mensch

  narrow-minded views — engstirnige Ansichten

discrimination *n* — Diskriminierung
discriminate [dɪˈskrɪmɪneɪt] *v* — diskriminieren, benachteiligen
  discriminate against sb — jdn diskriminieren
marginalization — Ausgrenzung, Marginalisierung
  [ˌmɑːrʤɪnəˈlɪˈzeɪʃ⁾n] *n, no pl*
  social marginalization — soziale Ausgrenzung
  ▸ marginalize sb / sth — ▸ jdn / etw ausgrenzen, jdn / etw ins Abseits drängen

marginalize (sb) [ˈmɑːrʤɪnəˈlaɪz] *v* — **(jdn) an den Rand drängen**
  a marginalized minority — eine an den Rand (der Gesellschaft) gedrängte Minderheit

respect *n* — Respekt
  ≠ disrespect
  have respect for sb / sth — vor jdm / etw Respekt haben
  ▸ respect **(sb / sth)** — ▸ (jdn / etw) respektieren
disrespect *v* — **missachten, geringschätzen**
disrespectful *adj* — **respektlos, verächtlich**
  disrespectful behavior — respektloses Verhalten
  be disrespectful towards sb — jdm gegenüber respektlos sein

superiority [səˌpɪriˈɔːrəti] *n, no pl* — Überlegenheit
  feeling of superiority — Überlegenheitsgefühl
  have a superiority complex — sich für etw Besseres halten
inferiority [ɪnˌfɪriˈɔːrəti] *n, no pl* — **Unterlegenheit; Minderwertigkeit**

  feeling of inferiority — negatives Selbstwertgefühl
superior (to sb) [səˈpɪriɚ] *adj* — **(jdm) überlegen**
  ≠ inferior (to sb) [ɪnˈfɪriɚ]
disempowerment — Entmachtung
  [ˌdɪsɪmˈpaʊɚmənt] *n*
  ▸ disempowered — ▸ entmachtet

2.4 Relationships

2.4.1 Friendship

the **truth** n	die Wahrheit
tell the truth	die Wahrheit erzählen
be honest (with sb) v	(zu jdm) ehrlich sein
keep (each other's) secrets v	die Geheimnisse (des Anderen) für sich behalten
take care (of sb) v	sich (um jdn) kümmern
be there (for sb) v	(für jdn) da sein

defend (sb) v	(jdn) verteidigen
defend sb from sb / sth	jdn vor jdm / etw schützen
protect (sb) v	(jdn) beschützen
stand up (for sb) v	sich (für jdn) einsetzen
help (each other) v	(sich gegenseitig) helfen
support (sb) v	(jdn) unterstützen
be loyal (to sb) v	(jdn gegenüber) loyal sein
be concerned (about sb) v	(um jdn) besorgt sein

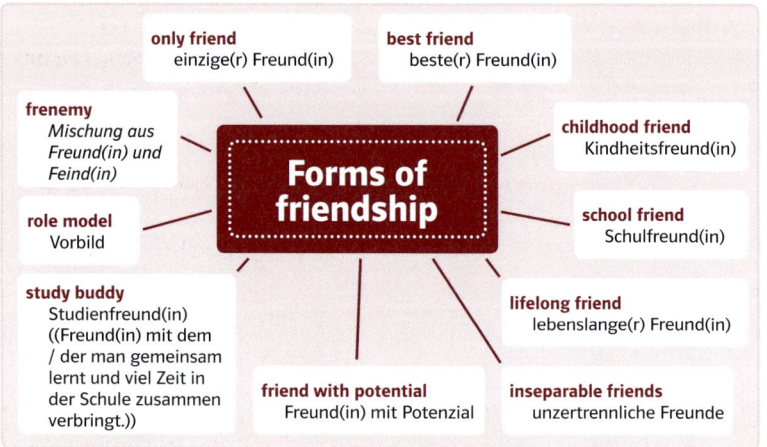

love-hate relationship *n*	Hassliebe
upset (sb) *v*	(jdn) verärgern
offend (sb) *v*	(jdn) kränken
be mad (at sb) *v*	(auf jdn) wütend sein
fight *n*	Kampf; Streit
have a fight	sich streiten
fight (with sb) *v*	sich (mit jdm) streiten
fight about sb / sth	sich über jdn / etw streiten

be disappointed (in sb) *v*	(von jdm) enttäuscht sein
betray (sb) *v*	(jdn) betrügen, (jdn) verraten
feel betrayed	sich verraten fühlen
abandon *v*	zurücklassen
feel abandoned (by sb)	sich (von jdm) im Stich gelassen fühlen
▸ abandonment	▸ Verlassen, Imstichlassen
enemy *n*	Feind(in), Gegner(in)
arch enemy	Erzfeind(in)
become enemies *v*	Feinde werden

make up (for sth) *v*	(etw) wiedergutmachen
reconcile with sb [ˈrekᵊnsaɪl] *v*	sich mit jdm versöhnen, sich mit jdm wieder vertragen
= make up with sb	
be reconciled with sb	sich mit jdm versöhnen
apologize (to sb) (for sth) *v*	sich (bei jdn) (für etw) entschuldigen
forgive sb (for sth) *v*	jdn (etw) verzeihen

2.4.2 Family

Negative aspects of a family:			
emotionless *adj*	teilnahmslos	**leave (sb) alone** *v*	(jdn) allein lassen
indifferent *adj*	gleichgültig, desinteressiert	**forbid (sb to do sth)** *v*	(jdm) verbieten (etw zu tun)
forget (sb) *v*	(jdn) vergessen	**show no interest (in sb)** *v*	sich nicht interessieren
ignore *v*	ignorieren	**take no part (in sb's life)** *v*	(an jds Leben) nicht teilhaben
(physical) abuse *n*	(körperlicher) Missbrauch		

Positive aspects of a family:			
loving *adj*	liebevoll	**encourage** *v*	ermuntern
caring *adj*	fürsorglich	**make sacrifices** *v*	Opfer bringen *v*
supportive *adj*	unterstützend	**protect (one's feelings)** *v*	(jds Gefühle) beschützen
listen (to sb) *v*	(jdm) zuhören	**sugarcoat (sth)** *v, AE, inform*	(etw) beschönigen; *(um jds Gefühle nicht zu verletzten)*
advise (sb) *v*	(jdn) beraten	**show an interest (in sb)** *v*	(auf jdn) eingehen
encourage *v*	ermuntern	**take part (in sb's life)** *v*	(an jds Leben) teilhaben

2.4.3 Love and sex

emotion [ɪˈmoʊʃᵊn] *n*	**Gefühl, Emotion**
be overcome by emotion	von seinen Gefühlen überwältigt werden
feeling *n*	**Gefühl**
confused feelings	Gefühlsverwirrungen
have feelings for sb	Gefühle für jdn haben
fancy sb *inform v*	**sexuell interessiert an jdm sein**
= fancy sb *inform*	
be attracted (to sb) *v*	**sich (zu jdm) hingezogen fühlen**
flirt *v*	**flirten**
flirt with sb	mit jdm flirten
make eyes at (sb) *v*	**(jdm) schöne Augen machen**

· ·

fall for (sb) *v, inform*	**sich (in jdn) verknallen**
have a crush (on sb) *v*	**(in jmd) verknallt sein**
I have a crush on him.	Ich bin in ihn verknallt.
date sb *v*	**sich mit jdm treffen, jdn daten**
= see sb *inform*	
Penelope and Junior are only **semi-dating**.	Penelope und Junior daten sich nur halb.
hold hands (with sb) *v*	**(mit jdm) Händchen halten**
kiss *v*	**küssen**
kiss (sb) goodbye	(jdm) einen Abschiedskuss geben
kiss (sb) goodnight	(jdm) einen Gutenachtkuss geben

· ·

love at first sight *n*	**Liebe auf den ersten Blick**
love *n*	**Liebe**
unrequited love	unerwiderte Liebe
make love with sb	mit jdm schlafen
fall in love (with sb) *v*	**sich (in jdn) verlieben**
in love *adv*	**verliebt**

· ·

reject (sb) *v*	(jdn) abweisen, (jdn) zurückweisen
feel rejected	sich als Außenseiter fühlen
turn (sb) down *v*	(jdm) einen Korb geben
break up (with sb) *v*	sich (von jdm) trennen
dump (sb) *v*, *inform*	(mit jdm) Schluss machen

Too shocking for teenagers?

Since its publication the novel and its contents have regularly **sparked controversy** in the USA and it has been **banned** in several schools and US states for being **inappropriate for** teen readers. Reasons for its **censorship** include its **perceived cultural insensitivity**, **offensive, vulgar language** and **sexually explicit** scenes that **allegedly** encourage the consumption of pornography. Nonetheless, the novel has been awarded several prizes and received many positive reviews by critics.

spark *v*	Anlass geben, auslösen
spark controversy	Anlass zu kontroversen Diskussionen geben, eine heftige Debatte auslösen
ban *v*	verbieten
inappropriate *adj*	ungeeignet, unpassend
censorship *n*	Zensur
perceived *adj*	vermeintlich
cultural *adj*	kulturell
cultural insensitivity	mangelnde kulturelle Sensibilität
offensive *adj*	anstößig, vulgär
= vulgar [ˈvʌlgɚ]	
offensive language	anstößige, vulgäre Sprache
(sexually) explicit *adj*	(sexuell) eindeutig
allegedly *adv*	vermeintlich, angeblich

sex *n*   Geschlecht; Geschlechtsverkehr
  have sex with sb   Sex mit jdm haben
sexual intercourse [ˌsekʃʊəlˈɪnt̬əˌkɔːrs]   Geschlechtsverkehr
n, no pl, form
arousal *n*   **Erregung**
  sexual arousal   sexuelle Erregung
masturbate [ˈmæstəˌbeɪt] *v*   **masturbieren**
  ▸ masturbation   ▸ Masturbation, Selbstbefrie-
                 digung
orientation *n*   **Orientierung**
  sexual orientation   sexuelle Orientierung
homophobia [ˌhoʊməˈfoʊbiə] *n, no pl*   **Homophobie**
  ▸ homophobic   ▸ homophob

2.5 Hopes, dreams and aspirations

hope [hoʊp] *n*   **Hoffnung**
  While there's life, there's hope.   Die Hoffnung stirbt zuletzt.
hope (for sth) *v*   **(auf etw) hoffen**
  hope for a better life   Hoffnung auf ein besseres
                 Leben
aspiration [ˌæspəˈreɪʃn] *n*   **Bestrebung, Sehnen**
aspire (to sth) *v*   **(etw an)streben**
  If you are ambitious, you **aspire to**   Wer ehrgeizig ist, strebt nach
  greatness.   Größe.
ambition [æmˈbɪʃ°n] *n*   **Ehrgeiz, Ziel, Ambition**
  ▸ ambitious   ▸ ambitioniert, ehrgeizig
dream [driːm] *n*   **Traum**
dream (of sth) *v*   **(von etw) träumen**
  dream of doing sth   davon träumen, etw zu tun
  Mary Spirit had **dreamed of becom-**   Mary Spirit träumte davon eine
  ing a famous author.   berühmte Autorin zu werden.

optimism n
  ▸ optimistic
confidence [ˈkɑːnfədᵊn(t)s] n, uncount
  full of confidence
realism [ˈriːəlɪzᵊm] n, uncount
  ▸ realistic
pessimism n
  ▸ pessimistic

Optimismus, Lebensmut
  ▸ optimistisch
Zuversicht
  voller Zuversicht
Realismus
  ▸ realistisch, lebensnah
Pessimismus
  ▸ pessimistisch

2.6 Alcohol abuse

The role of alcohol

Alcoholism is **rampant** on Junior's reservation (he claims to know only a handful of people who have never drunk alcohol). It provides a **means of escape** from the depression and despair of life on the reservation. But it **claims many lives** too. Over the course of the novel Grandmother Spirit, Eugene and Mary all die **alcohol-related** deaths. It is this pattern of alcoholism that forms part of Junior's motivation to get off the reservation.

be rampant v	**grassieren**
escape n	**Flucht**
means of escape	Fluchtmöglichkeit
claim v	**fordern**
claim lives	Menschenleben fordern
alcohol-related adj	**alkoholbedingt**

abuse [əˈbjuːs] *n, uncount*	**Missbrauch**
alcohol abuse	Alkoholmissbrauch
▸ abuse sth [əˈbjuːz]	▸ etw missbrauchen
addiction [əˈdɪkʃⁿn] *n*	**Sucht**
alcohol addiction	Alkoholsucht
be addicted (to sth) *v*	**(von etw) abhängig sein**
Many people in the 'rez' are **addicted to alcohol**.	Viele Leute im Reservat sind alkoholabhängig.

get drunk [drʌŋk] *v*	**sich betrinken**
blind drunk	sternhagelvoll
drunk driving	Trunkenheit am Steuer
sober [ˈsoʊbɚ] *adj*	**nüchtern** *(nicht alkoholisiert)*
≠ drunk	
sober up	nüchtern werden
binge drinking [bɪndʒ] *n, inform, no pl*	**Komasaufen; exzessiver Alkohol-genuss**
hangover *n*	**Kater**
have a hangover	einen Kater haben
hungover *adj*	**verkatert**
blackout [ˈblækaʊt] *n*	**Blackout; Gedächtnislücke**
have a blackout	einen Filmriss haben

Changing personalities

Drinking alcohol excessively can cause **mood swings** and also change people's behavior and personalities. In *The Absolutely True Diary of a Part-Time Indian*, alcoholics are depicted as **depressed**, sad, **calm** and **apathetic** and leading rather **reclusive lives** when they are sober. However, when they are drunk, they turn into **impulsive**, angry and **aggressive** people who frequently **confront** others and **lose control of** themselves.

change *v*	**sich (ver)ändern**
mood *n*	**Stimmung**
mood swing	Stimmungsschwankung
depressed [dɪˈprest] *adj*	**depressiv**
▸ *(severe)* depression	▸ (schwere) Depression
calm [kɑː(l)m] *adj*	**ruhig**

apathetic [ˌæpəˈθetɪk] *adj*	apathisch, teilnahmslos
be apathetic about sth	etw gegenüber gleichgültig sein
You're so apathetic about every-thing!	Dir ist alles egal!
lead a reclusive life *v*	zurückgezogen leben
impulsive *adj*	impulsiv
= impetuous	
aggressive [əˈgresɪv] *adj*	aggressiv
▸ aggression	▸ Aggression, Aggressivität
confront *v*	konfrontieren
confront sb with the truth	jdm mit der Wahrheit konfrontieren
▸ confrontation	▸ Konfrontation, Zusammen-stoß
lose control (of) *v*	die Kontrolle verlieren (über)

transgression [trænzˈgreʃ°n] *n*	**Übertretung, Verstoß**
transgression of the law	Gesetzesverstoß
violation [ˌvaɪəˈleɪʃ°n] *n*	**Verstoß, Vergehen**
violation of (the) law	Gesetzesbruch
traffic violation	Verkehrsvergehen
violate (sth) *v*	**(gegen etw) verstoßen**
violate a regulation	eine Vorschrift verletzen

drunk driving *n*	**Trunkenheit am Steuer**
accident *n*	**Unfall**
have a road accident	einen Verkehrsunfall haben
hit and run *n*	**Fahrerflucht**
hit-and-run driver	Autofahrer, der Fahrerflucht begeht
kill *v*	**töten, umbringen**
kill sb accidentally	jdn versehentlich töten
▸ manslaughter	▸ Totschlag
death [deθ] *n*	**Tod**
a series of deaths	eine Reihe an Todesfällen
cause sb's death	jds Tod herbeiführen

2.7 Violence and bullying

2.7.1 Physical violence and domestic abuse

Abuse and violence in native communities

Besides high rates of unemployment and lower life expectancy, **abuse** and **violence** are **predominant** problems in Native communities. Among children up to 14 years of age, one in every 30 Native American children is reported to be a victim of **maltreatment**, compared to one in every 58 children in the general US population. Moreover, Native American women are 3.5 times more likely to be **raped** or **sexually assaulted** in their lives than women of other ethnicities/races. It has been found that this violence does not only come from **related persons** but also from outside the community.

predominant *adj*	vorherrschend, überwiegend
maltreatment [ˌmælˈtriːtmənt] *n, no pl*	Misshandlung
rape [reɪp] *n*	Vergewaltigung
rape victim	Vergewaltigungsopfer
▸ rape sb	▸ jdn vergewaltigen
▸ rapist	▸ Vergewaltiger
assault *v*	missbrauchen, angreifen
sexually assault	sexuell missbrauchen
related person *n*	verwandte Person

abuse [əˈbjuːs] *n*	Missbrauch, Gewalt
physical abuse	körperliche Misshandlung
domestic abuse	häusliche Gewalt
abuse (sb) [əˈbjuːz] *v*	**(jdn) missbrauchen, (jdn) misshandeln**
= mistreat	
abusive *adj*	**beleidigend; misshandelnd**
be physically abusive towards sb	jdn gegenüber gewalttätig sein
abusive parents	*Eltern, die ihre Kinder missbrauchen*
mistreat (sb/sth) [ˌmɪsˈtriːt] *v*	**(jdn/etw) misshandeln**

look after (sb/sth) *v*	**sich um (jdn/etw) kümmern**
supervise (sb) *v*	**(jdn) beaufsichtigen**
neglect *v (e.g. a child)*	**vernachlässigen** *(z. B. ein Kind)*
neglect one's duty	seine Pflicht vernachlässigen
be neglectful (of sth) *v (e.g. one's duties)*	**(etw) vernachlässigen** *(z. B. seine Verpflichtungen)*
fail to do (sth) *v*	**(etw) nicht tun, unterlassen (etw) zu tun**
He failed to supervise his children.	Er versäumte seine Kinder zu beaufsichtigen.
intolerance *n*	**Intoleranz**

beat *v*	**schlagen**
beat up *v*	**zusammenschlagen, verprügeln**
Junior often got beat up.	Junior wurde oft zusammengeschlagen.
aggression *n, no pl*	**Aggression, Aggressivität**
brutal aggression	brutaler Angriff
▸ aggressive	▸ aggressiv
violence [ˈvaɪəlᵊn(t)s] *n, no pl*	**Gewalt**
counterviolence	Gegengewalt
drunken violence	Gewalttätigkeiten unter Alkoholeinfluss
violent *adj*	**gewalttätig, brutal**
become violent	handgreiflich werden

hurt (sb) [hɜːrt] *v*	(jdm) wehtun, (jdn) verletzen
harm *v*	verletzen
= injure	
do (sb) harm	(jdm) Schaden zufügen

2.7.2 Bullying

bullying [ˈbʊliɪŋ] *n, uncount*	**Mobbing, Schikane**
physical bullying	
verbal bullying	Mobbing mit Worten
social bullying	soziales Mobbing
cyberbullying	Cybermobbing, Cyberbullying
▸ bully	▸ Schläger
bully [ˈbʊli] *v*	**mobben, tyrannisieren**

victimize (sb) *v*	**(jdn) ungerecht behandeln**
▸ victim	▸ Opfer
▸ victimizer	▸ Schikaneur(in)
instigator *n*	**Anstifter(in), Täter(in)**
▸ instigate sth	▸ etw anstiften
treat (sb) [triːt] *v*	**(jdn) behandeln**
treat (sb) badly	(jdn) schlecht behandeln
imbalance of power [ɪmˈbælən(t)s] *n*	**Machtungleichgewicht, Machtgefälle**

intentional *adj*	**absichtlich, vorsätzlich**
deliberate [dɪˈlɪbərət] *adj*	**gezielt, bewusst, vorsätzlich**
systematic *adj*	**systematisch**
repeated *adj*	**wiederholt**
malicious [məˈlɪʃəs] *adj*	**böswillig**

harass [ˈhærəs] *v*	**belästigen, schikanieren, mobben**
sexually harass (sb)	(jdn) sexuell belästigen
▸ harassment	▸ Belästigung, Schikane, Mobbing
embarrass (sb) [emˈberəs] *v*	**(jdn) in eine peinliche Lage bringen**
▸ embarrassed	▸ peinlich berührt, verlegen

humiliate [hjuːˈmɪlɪeɪt] *v*   **erniedrigen, demütigen**
- humiliating   ▸ erniedrigend
- humiliation   ▸ Erniedrigung

manipulate (sb) *v*   **(jdn) manipulieren**
    difficult to manipulate   schwer zu manipulieren

make fun of sb
sich über jdn lustig machen

tell jokes at sb's expense (e.g. racist, homophobic)
Witze auf jds Kosten erzählen *(z. B. rassistische, homophobe)*

spread rumors (about sb)
Gerüchte verbreiten (über jdn)

call sb names
jdn beschimpfen

scare sb
jdm Angst einjagen

What bullies do

insult sb
jdn beleidigen

blackmail sb
jdn erpressen

intimidate sb
jdn einschüchtern

exclude sb
jdn ausschließen

ignore sb
jdn ignorieren

beat sb up *inform*
jdn verprügeln

threaten sb
jdn bedrohen

3.1 General terms

character [ˈkerəktɚ] *n*   **Charakter, Eigenschaft**
    have a strong / weak character   einen starken / schwachen Charakter haben

    a rounded / flat character   ein runder / flacher Charakter
    character trait   Charakterzug, Charaktereigenschaft

character *n*   **Figur, Charakter** *(in einem Roman, einer Erzählung usw.)*

    main character   Hauptfigur, Protagonist(in)
    secondary character   Nebenfigur
    character (development)   Charakter(-entwicklung)

main character *n*   **Hauptfigur, Protagonist(in)**
    = protagonist

characterization *n*	Charakterisierung; (Personen-) Beschreibung
characterize (sb / sth) *v*	(jdn / etw) charakterisieren
characteristics *n, pl*	Eigenschaften, Merkmale
main characteristics	Hauptmerkmale, wesentliche Merkmale
personal characteristics	persönliche Merkmale
▸ characteristic	▸ charakteristisch, typisch
personality [ˌpɜːrsəˈnæləti] *n*	Persönlichkeit, Charakter
personality development	Persönlichkeitsentwicklung
Personal and collective memories shape an individual's personality.	Persönliche und gesellschaft- liche Erinnerungen formen die Persönlichkeit einer Person.
behavior [bɪˈheɪvjɚ] *n, AE, uncount* = behaviour *BE*	**Verhalten, Benehmen**

3.2 Arnold Spirit Jr. (Junior)

3.2.1 Appearance and physical characteristics

be born (with sth) *v*	(mit etw) geboren werden
be born with a silver spoon in your mouth	mit einem silbernen Löffel im Mund geboren werden
impairment [ɪmˈpermənt] *n*	Schädigung, Behinderung
physical impairment	körperliche Schädigung
impaired *adj*	geschädigt
impaired vision	Sehbehinderung
impaired abilities	eingeschränkte Fähigkeiten
eyesight [ˌaɪˈsaɪt] *n*	Sehkraft, Sehvermögen
poor eyesight	Sehschwäche
near-sighted	kurzsichtig
far-sighted	weitsichtig
wear sth *v (e.g. glasses)*	etw tragen *(z. B. eine Brille)*

hydrocephalus [ˌhaɪdroʊˈsefələs] *n*	Hydrocephalus, Wasserkopf
brain *n*	Hirn
brain damage	Hirnschaden

surgery [ˈsɜːrʤəi] *n* | Operation
undergo surgery | operiert werden, sich einer Operation unterziehen

seizure [ˈsiːʒɚ] *n* | **Anfall**
= fit
have a seizure | einen Anfall haben
Junior **suffered many seizures** during his childhood. | Junior erlitt während seiner Kindheit viele Anfälle.

---

stutter *v* | **stottern**
have a bad stutter | stark stottern
lisp *n* | **Lispeln**
have a lisp | lispeln
▸ lisp | ▸ lispeln
speech impediment [ɪmˈpedɪmənt] *n* | **Sprachfehler**
= speech defect
Junior **has a speech impediment**, i.e. he has a stutter and a lisp. | Junior hat einen Sprachfehler, d.h. er stottert und lispelt.

---

appearance [əˈpɪrən(t)s] *n, no pl* | *hier:* **Aussehen**
physical appearance | Aussehen, Äußeres
look *v* | *hier:* **aussehen**
look great | gut aussehen
skull [skʌl] *n* | **Schädel**
skinny *adj* | **dünn, mager**
be as skinny as a rake *idiom* | dünn wie eine Bohnenstange sein, ein Strich in der Landschaft sein

muscular [ˈmʌskjələ] *adj* | **muskulös**
Even though he is not very muscular, Junior is an excellent basketball player. | Junior ist ein ausgezeichneter Basketballspieler, obwohl er nicht sehr muskulös ist.

3.2.2 Character traits and feelings

Constant character traits

We experience Junior as someone that **undergoes continuous character development**, but there are some traits and feelings which remain constant throughout the novel. For example, we get to know him as a **humorous**, **artistic** and **smart** boy who is very **ambitious** to escape the life and world he is living in. He also **tries to find his place** in the world (and two communities), which often makes him feel **sad** and **lonely**.

humorous [ˈhjuːmərəs] *adj*	**lustig, komisch**
creative *adj*	**kreativ, schöpferisch**
= artistic	
have a lively imagination	eine lebhafte Fantasie haben
dreamer *n*	**Träumer(in)**
daydreamer	Tagträumer(in)
reflect (on sth) [rɪˈflekt] *v*	**(über etw) nachdenken, (über etw) reflektieren**
= ponder on sth	
self-reflection [rɪˈflekʃən] *n*	**Selbstreflexion**

smart [smart] *adj*	**schlau, clever, intelligent**
make a smart move	klug handeln
intelligent *adj*	**intelligent**
= bright *inform*	
curious *adj*	**neugierig**
intellectually curious	lernbegierig, wissbegierig
ambitious [æmˈbɪʃəs] *adj*	**ehrgeizig**
determined [dɪˈtɜːrmɪnd] *adj*	**entschlossen**

grow up *v*	**erwachsen werden**
puberty [ˈpjuːbəti] *n, uncount*	**Pubertät**
Junior is **going through puberty**.	Junior durchläuft die Pubertät.
explore sth *v*	**etw erkunden, etw erforschen**
explore one's sexuality	seine Sexualität erkunden
explore new avenues	neue Wege beschreiten
mature [məˈtʃʊr] *v*	**reifen, erwachsen werden**
▸ maturity	▸ Reife
character development *n*	**Charakterentwicklung**

Opposing traits? Junior as a complex character

Junior proves to be a **complex character** with opposing character traits.

BEGINNING	END
weak	strong
scared	brave
sensitive	tough
isolated / lonely	integrated
not confident	confident
loser	winner
hopeless	hopeful
depressed / sad	content / happy
feels lost	fits in
feels guilty and responsible	acceptance of his identity

We can observe that these allegedly paradoxical traits depict Junior's **struggles,** his character **development** and his **two identities**: The traits and feelings on the left side of the table apply to Junior at the beginning of the novel when he is still living and going to school in the 'rez'. After he has transfered schools to Reardan, he gets more and more confident and happier, which can be seen on the right side of the table. Basketball in particular plays an important role in Junior's character development and in his feeling of belonging towards the end.

complex *adj* — **komplex, vielschichtig**

weak *adj* — **schwach, geschwächt**

strong [strɑːŋ] *adj* — **kräftig, stark**

scared *adj* — **verängstigt**

brave [breɪv] *adj* — **mutig, tapfer**
 = courageous

sensitive [ˈsensətɪv] *adj* — **empfindlich, sensibel**
 ‣ hypersensitive — ‣ überempfindlich

tough [tʌf] *adj* — **streng, hart**

confident *adj* — **zuversichtlich, überzeugt**
 confident manner — sicheres Auftreten
 self-confident — selbstbewusst
 be confident about sth — in Bezug auf etw zuversichtlich sein

hopeless *adj*	hoffnungslos
be in a hopeless situation	sich in einer aussichtslosen Situation befinden
hopeful *adj*	**hoffnungsvoll, zuversichtlich**
depressed [dɪˈprest] *adj*	**deprimiert, niedergeschlagen; depressiv**
feel depressed	sich niedergeschlagen fühlen

content [kənˈtent] *adj*	**zufrieden**
be content with sth	mit etw zufrieden sein
happy *adj*	**glücklich, zufrieden**
be happy about sth	glücklich über etw sein, sich über etw freuen
be happy for sb	sich für jdn freuen
be happy with sth	mit etw zufrieden sein, etw akzeptabel finden
be happy with sb	mit jdm glücklich sein
make sb happy	jdn glücklich machen

lost *adj*	verloren
feel lost	sich verloren fühlen
be lost	sich verirrt haben, sich verlaufen haben
isolated *adj*	**isoliert**
integrated [ˈɪntəgreɪtɪd] *adj*	**integriert**
insecure *adj*	**unsicher, verunsichert**
be insecure about sth	bezüglich etw unsicher sein
fit in *v*	**dazu passen, sich einfügen**
guilty [ˈgɪlti] *adj*	**schuldig**
feel guilty	sich schuldig fühlen
responsible [rɪˈspɑːnsəbᵊl] *adj*	**verantwortlich**
be responsible for sb / sth	für jdn / etw verantwortlich sein
identity *n*	**Identität**
accept one's identity	seine Identität akzeptieren

3.3 Other main characters

3.3.1 Rowdy

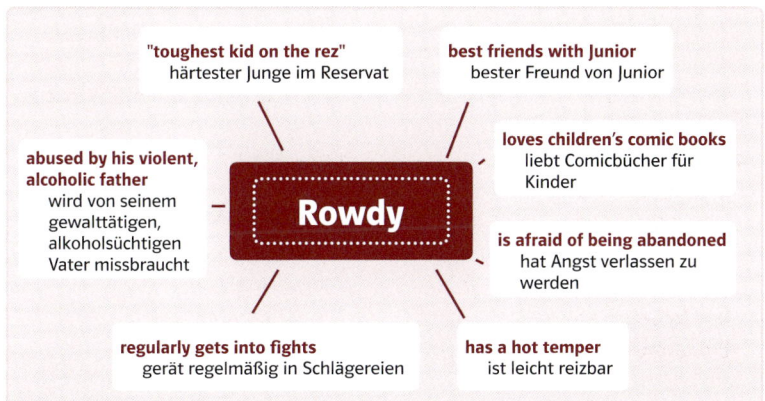

age *n*	Alter
be the same age as sb	genauso alt wie jd sein
athletic *adj*	**athletisch, sportlich**
strong [strɑːŋ] *adj*	**kräftig, stark**
protective *adj*	**schützend, fürsorglich**
Rowdy has always been **protective towards** Junior.	Rowdy war schon immer fürsorglich gegenüber Junior.
hopeless *adj*	**hoffnungslos**
be in a hopeless situation	sich in einer aussichtslosen Situation befinden

rowdy [ˈraʊdi] *adj, inform*	**rauflustig, randalierend, rüpelhaft**
rowdy behavior	rüpelhaftes Benehmen
‣ rowdy	‣ Krawallmacher, Rowdy
vandalize (sth) *v*	**(etw mutwillig) zerstören, (etw) verwüsten, (etw) beschädigen**
‣ vandal	‣ Vandale, Rowdy
vandalism [ˈvændᵊlɪzᵊm] *n, no pl*	**Vandalismus; Zerstörungswut**
commit acts of vandalism	(etw) mutwillig zerstören

aggressive *adj*	**aggressiv**
aggressive behavior	Aggressionsverhalten
impulsive *adj*	**impulsiv**
= impetuous	

---

mad *adj, AE*	**wütend, zornig**
be mad (about sth)	(wegen etw) wütend sein
be mad with rage	vor Wut außer sich sein
be hopping mad	stinksauer sein, auf hundert-achtzig sein
Touching Rowdy **makes him mad**.	Rowdy wird wahnsinnig, wenn man ihn anfässt.
tough [tʌf] *adj*	**hart; brutal**
a tough cookie *idiom*	eine zähe Person, ein zäher Brocken
a tough guy *esp AE*	ein Schlägertyp
be tough	hart im Nehmen sein
tough (sth) out	(etw) durchstehen

---

hateful *adj*	**hasserfüllt, gemein**
a hateful person	eine unausstehliche Person
hateful remarks	abscheuliche Bemerkungen
▸ hatefulness (towards)	▸ Abscheulichkeit (gegenüber)
punch sb / sth *v*	**jdn / etw schlagen**
punch sb out	jdn zusammenschlagen
punch sb black and blue	jdn grün und blau schlagen
insult [ˈɪnsʌlt] *n*	**Beleidigung**
hurl insults at sb	jdn mit Beleidigungen überschütten
▸ insult sb [ɪnˈsʌlt]	▸ jdn beleidigen, jdn beschimp-fen

---

stubborn [ˈstʌbən] *adj*	**stur, dickköpfig**
= headstrong	
stubborn as a mule *idiom*	stur wie ein Esel
grudge [grʌʤ] *n*	**Groll**
bear grudges	nachtragend sein, Groll hegen
Rowdy **holds a grudge against** Junior for leaving him behind.	Rowdy trägt Junior nach, dass er ihn zurückgelassen hat.

3.3.2 Mary Spirit

beautiful ['bjuːtɪf°l] *adj* — schön, sehr gut aussehend
smart *adj* — klug, schlau
  = clever
funny *adj* — lustig, komisch
novelist ['nɑːvəlɪst] *n* — Romanautor(in)
inspirational [ˌɪnspəˈreɪʃ°nəl] *adj* — inspirierend
  Junior considers Mary's behavior inspirational. — Junior erachtet Marys Verhalten als inspirierend.

---

unemployed *adj* — arbeitslos
  be unemployed — arbeitslos sein
  long-term unemployed — langzeitarbeitslos
  ▸ unemployment — ▸ Arbeitslosigkeit
stay-at-home *n, inform* — Stubenhocker(in)
  ▸ stay-at-home — ▸ stubenhockerisch, ungesellig
idle ['aɪdl̩] *adj* — faul, träge; untätig, erwerbslos
hopeless *adj* — hoffnungslos
  be in a hopeless situation — sich in einer aussichtslosen Situation befinden

give up (sth) *v* — (etw) aufgeben
  It seems as if Mary has **given up on life**. — Es scheint als hätte Mary im Leben aufgegeben.

---

runaway *n, esp AE* — Ausreißer(in)
  runaway behavior *esp AE* — Ausreißen
  ▸ run away — ▸ weglaufen, davonlaufen
  ▸ runaway — ▸ durchgebrannt, davongelaufen

courageous [kəˈreɪdʒəs] *adj* — mutig
  a courageous decision — eine mutige Entscheidung
reckless *adj* — leichtsinnig, waghalsig
romantic [roʊˈmæntɪk] *n* — Romantiker(in)
  be a hopeless romantic — ein(e) hoffnungslose(r) Romantiker(in) sein

---

marriage [ˈmerɪdʒ] *n*	**Hochzeit, Heirat**
a rushed marriage	eine hastige Heirat
a shotgun marriage	eine Mussheirat
▸ marry (sb)	▸ (jdn) heiraten
happy [ˈhæpi] *adj*	**glücklich, zufrieden**
joyous [ˈdʒɔɪəs] *adj*	**fröhlich**
joyous occasion	freudiges Ereignis
content [kənˈtent] *adj*	**zufrieden**
Ever since she got married, Mary has been **content with life**.	Seitdem sie verheiratet ist, ist Mary zufrieden im Leben.

imprudent [ɪmˈpruːdᵊnt] *adj*	**leichtsinnig, unüberlegt, unvorsichtig**
imprudent behavior	unüberlegtes Verhalten, unkluges Verhalten
die *v*	**sterben**
die unexpectedly	unerwartet sterben
die young	jung sterben
die a violent death	einen gewaltsamen Tod sterben
burn (to death) *v*	**(ver)brennen**

3.3.3 Gordy

ambitious [æmˈbɪʃəs] *adj*	**ehrgeizig**
ambitious aims	hochgesteckte Ziele
intelligent *adj*	**intelligent**
= bright *inform*	
genius [ˈdʒiːniəs] *n*	**Genie** *(Person)*; **Genialität** *(Intelligenz)*
a budding genius	ein zukünftiges Genie
Gordy is not only the **class genius** but also a **linguistic genius**.	Gordy ist nicht nur das Klassengenie, sondern auch ein Sprachgenie.

know-it-all *n* — Alleswisser(in), Besserwisser(in)
  act in a know-it-all manner — sich besserwisserisch verhalten
smart-ass *n, AE, sl* — **Klugscheißer(in)**
  = smart-arse *BE*
bookworm *n* — Bücherwurm, Leseratte
anglophile [ˈæŋɡləfaɪl] *n* — Anglophil(e), Englandliebhaber(in)

  ▸ anglophile — ▸ anglophil

....

nerd [nɜːrd] *n, sl* — Nerd, Streber; Fachidiot *(jd, der auf (s)einem Gebiet über ein umfangreiches Wissen verfügt)*

  = geek *esp AE*
freak *n* — *hier:* **Fanatiker(in)**
  computer freak — Computerfreak
outcast *n* — *hier:* **Außenseiter(in)**
  ≠ member — ≠ Mitglied, Angehörige(r)
  be an outcast among *(e.g. whites, rich people)* — ein(e) Außenseiter(in) unter *(z. B. Weißen, Reichen)* sein
inept [ˌɪnˈept] *adj* — **unbeholfen, ungeschickt**
  socially inept — sozial unfähig
  be inept at sth — in etw unbeholfen sein

....

defend sb / sth *v* — **für jdn / etw eintreten**
  = stand up for sb / sth
befriend sb [bɪˈfrend] *v* — **sich mit jdm anfreunden**
supportive *adj* — **unterstützend**
  be supportive of sb / sth — jdn / etw unterstützen
  ▸ support sb / sth — ▸ jdn / etw unterstützen

....

advise (sb) [ədˈvaɪz] *v* — **(jdm) einen Rat geben**
  advise (sb) against doing sth — (jdm) davon abraten, etw zu tun
  advise (sb) on sth — (jdn) bei etw beraten
teach (sb) *v* — **(jdn) unterrichten**
  teach sb sth — jdm etw beibringen
educate (sb) *v* — **(jdn) erziehen**
tutor (sb) [ˈtjuːtə] *v* — **(jdn) unterrichten** *(Einzel- oder Privatunterricht)*

  ▸ tutor — ▸ Tutor(in), Nachhilfelehrer(in)

3.4 Secondary characters

3.4.1 Father

> **Mr. Spirit**
>
> Once upon a time Junior's Dad could have been a **jazz musician**. Instead, like many on the reservation, he's an alcoholic, although, unlike Rowdy's father, he is never abusive toward his own family. He's very **proud of** his son and **encourages him to** try out for the basketball team.

musician [mjuːˈzɪʃⁿn] *n*	**Musiker(in)**
jazz musician	Jazzmusiker(in)
drinker *n (e.g. of alcohol)*	**Trinkende(r), Alkoholiker(in)**
a heavy drinker	ein(e) starke(r) Trinkende(r), ein(e) Säufer(in)
binge drinker *inform*	Komasäufer(in)
alcoholic *n*	**Alkoholiker(in)**
stare [steɪ] *n*	**Starren**
‣ stare (at sb / sth)	‣ (jdn / etw an)starren
Junior's father is known for his cold stare.	Juniors Vater ist für seinen kalten Blick bekannt.

supportive *adj*	**unterstützend**
be supportive of sb / sth	jdn / etw unterstützen
‣ support sb / sth	‣ jdn / etw unterstützen
encourage sb to do sth *v*	**jdn dazu ermutigen, etw zun tun, jdm Mut machen**
pep talk *n*	**motivierendes Gespräch; aufmunternde Worte**
give sb a pep talk	jdm aufmunternde Worte zusprechen
love [lʌv] *v*	**lieben**
parental love	Elternliebe
be proud of sb / sth *v*	**auf jdn / etw stolz sein**
‣ pride	‣ Stolz
refuse sth [rɪˈfjuːz] *v*	**etw ablehnen, etw verweigern**
refuse to do sth	sich weigern etw zu tun

forgetful *adj*	vergesslich
be forgetful of sth *(e.g. duties)*	etw vergessen, etw gegenüber nachlässig sein *(Pflichten)*
unreliable *adj*	unzuverlässig
≠ reliable	
irresponsible *adj*	unverantwortlich, verantwortungslos
disappoint (sb) *v*	(jdn) enttäuschen
let (sb) down *v*	(jdn) enttäuschen, (jdn) im Stich lassen

3.4.2 Mr. P

Mr. P

Mr. P is a fairly **popular**, white geometry teacher at Wellpinit who has lived and taught on the reservation for a long time. He has a reputation for being slightly **weird**, wearing his pyjamas to school and falling asleep in class. It becomes clear that he feels **guilty** about some of his actions toward Native Americans in the past and that he is trying to **atone for** them. He encourages Junior to go to Reardan to get a better education and not give up his dreams and ambitions.

teacher *n*	Lehrer(in)
liaison teacher	Vertrauenslehrer(in)
sleepy *adj*	müde, verschlafen
weird [wɪrd] *adj*	seltsam, merkwürdig
be slightly weird	ein wenig eigenartig sein
forgetful *adj*	vergesslich
be forgetful of sth *(e.g. duties)*	etw vergessen, etw gegenüber nachlässig sein *(Pflichten)*
guilty *adj*	schuldig, schuldbewusst
atone (for sth) [əˈtoʊn] *v*	(etw) wiedergutmachen
mindset *n*	Denkart, Mentalität
shift one's mindset	seine Denkart und -weise ändern
apologetic [əˌpɑːləˈdʒetɪk] *adj*	entschuldigend
be apologetic about sth	etw bedauern, sich für etw entschuldigen
‣ apologize (for sth)	‣ sich (für etw) entschuldigen

regret (sth) [reˈɡret] *v*	(etw) bedauern, (etw) bereuen
regret (sth) profoundly	(etw) zutiefst bereuen
regret (sth) profoundly	

support [səˈpɔːrt] *v*	unterstützen, fördern
Mr. P. **supports** Junior **in his dreams**	Mr. P. fördert Junior in seinen
of escaping the rez.	Bemühungen, das Reservat zu
	verlassen.
propose (sth) [prəˈpoʊz] *v*	(etw) vorschlagen
propose doing sth	etw anregen
▸ proposal	▸ Vorschlag
suggest sth (to sb) [səˈdʒest] *v*	(jdm) etw vorschlagen
press sb to do sth *v*	jdn dazu drängen, etw zu tun
encourage [enˈkɜːrɪdʒ] *v*	ermutigen, Mut machen
encourage sb to do sth	jdn ermutigen etw zu tun
hope [hoʊp] *n*	Hoffnung
give sb hope	jdm Hoffnung geben, jdn
	ermuntern

3.4.3 Penelope

Penelope

Penelope, a beautiful blonde, is one of the most popular girls in school, and the first to **show interest in** Junior after he transfers to Reardan. After having a **heart to heart** with Junior, admitting that she is **bulimic** and **dreaming of leaving** Reardan, they become friends.

blonde [blɑːnd] *n*	Blondine
a natural blonde	
white [waɪt] *adj; n*	weiß; eine Weiße
Penelope is a white girl; she's a	Penelope ist ein weißes
white.	Mädchen; sie ist eine Weiße.
pale [peɪl] *adj*	blass
beautiful [ˈbjuːtɪfəl] *adj*	schön, sehr gut aussehend
gorgeous [ˈɡɔːrdʒəs] *adj*	wunderschön

popular [ˈpɑːpjələr] *adj*	beliebt
show interest (in sb / sth) *v*	(an jdm / etw) Interesse zeigen

sympathetic [ˌsɪmpəˈθeṭɪk] *adj* — mitfühlend, verständnisvoll
  be sympathetic to sb / sth — für jdn / etw Verständnis haben
  lend a sympathetic ear to sb — ein offenes Ohr für jdn haben
heart to heart (talk) *n* — vertrauliches Gespräch
  have a heart to heart (talk) — sich gegenseitig das Herz ausschütten

bulimia [bʊˈlɪmɪə] *n, uncount* — Bulimie, Ess-Brech-Sucht
  a bulimic — ein(e) Bulimiker(in)
  ‣ bulimic — ‣ bulimisch
insecure *adj* — unsicher, verunsichert
  be insecure about sth — bezüglich etw unsicher sein
dream (of sth) *v* — (von etw) träumen
  dream of doing sth — davon träumen, etw zu tun
  Mary Spirit had dreamed of becoming a famous author. — Mary Spirit träumte davon eine berühmte Autorin zu werden.

3.4.4 Grandmother Spirit

wise *adj* — weise, klug, vernünftig, erfahren
  ‣ wisdom — ‣ Weisheit
travelled *adj* — gereist
  well-travelled — vielgereist
  ‣ travel — ‣ reisen
role model *n* — Vorbild
  role model function — Leitbildfunktion
  serve as a role model for sb — als Vorbild für jdn dienen

advise (sb) [ədˈvaɪz] *v* — (jdm) einen Rat geben
  advise (sb) against doing sth — (jdm) davon abraten, etw zu tun
  advise (sb) on sth — (jdn) bei etw beraten, (jdn) in etw beraten

spiritual [ˈspɪrɪtʃuəl] *adj* — geistlich, spirituell
  spiritual leader — geistliches Oberhaupt
empathetic [empəˈθeṭɪk] *adj* — empathisch, einfühlsam
compassionate [kəmˈpæʃᵊnət] *adj* — mitfühlend, voller Mitgefühl
kind-hearted *adj* — gutherzig

tolerant *adj*	**tolerant, duldsam**
be tolerant towards sb	jdm gegenüber tolerant sein
forgiving [fəˈgɪvɪŋ] *adj*	**versöhnlich, nachsichtig**
forgiving nature	versöhnlicher Charakter
‣ forgive (sb sth)	‣ (jdm etw) vergeben, (jdm etw) verzeihen
die *v*	**sterben**
die in an accident	bei einem Unfall sterben

3.4.5 Coach

supportive *adj*	**unterstützend**
be supportive of sb / sth	jdn / etw unterstützen
‣ support sb / sth	‣ jdn / etw unterstützen
trust [trʌst] *n*	**Vertrauen**
create trust	Vertrauen schaffen
have trust in sb / sth	Vertrauen in jdn / etw haben
trust (sb) *v*	**(jdm) vertrauen**
trust sb to do sth	jdm trauen, jdm (das) Vertrauen schenken (dass er / sie etw tut)
‣ entrust sb with sth	‣ jdm etw anvertrauen
give sb a chance *v*	**jdm eine Chance geben**
empower sb *v*	**jdn (mental) stärken, jdn aufbauen**

....

cheer [tʃɪr] *v*	**(zu)jubeln**
cheer for sb	jdn anfeuern
cheer sb up	jdn aufmuntern
encourage *v*	**ermuntern**
Nobody really encourages Junior to make something of his life.	Niemand ermuntert Junior wirklich, aus seinem Leben etwas zu machen.
motivate *v*	**motivieren, anspornen**
= spur sb [spɜːr]	
motivate sb to give their best	jdn zu Höchstleistungen anspornen
‣ motivator	‣ Motivator(in)
empathetic [empəˈθeṭɪk] *adj*	**empathisch, einfühlsam**

....

4.1 General terms

narrator [ˈnereɪtə] *n*
  first-person narrator
  third-person narrator
  ▸ narrate sth
narrative [ˈnerətɪv] *n*
  narrative style
perspective [pəˈspektɪv] *n*
  narrative perspective
  internal perspective
point of view *n*
  From Rowdy's point of view, Junior
  has betrayed his people.

Erzähler(in)
  Ich-Erzähler(in)
  Er-/ Sie- Erzähler(in)
  ▸ etw erzählen
Erzählung
  Erzählstil, Erzählweise
Perspektive, Betrachtungsweise
  erzählerische Perspektive
  Innenperspektive
Perspektive
  Aus Rowdys Perspektive hat
  Junior sein Volk verraten.

---

tone *n*
  The **general tone of the novel** is very
  humorous and funny.
language *n*
  colloquial language
  youth language
  offensive language

  use foul language
register [ˈredʒɪstə] *n, uncount*
  formal/informal register

Ton
  Der generelle Ton im Roman ist
  sehr humorvoll und lustig.
Sprache, Ausdrucksweise
  Umgangssprache
  Jugendsprache
  beleidigende Sprache, Aufruhe
  erregende Ausdrucksweise
  Kraftausdrücke verwenden
sprachliche Stilebene, Register

4.2 Humor

Have a laugh - humor in the novel

As soon as we start reading the novel, we realize that the narration contains a lot of **humor**. Our protagonist and **narrator** *Junior* tells the story in a very funny **manner**. This includes him **telling jokes**, using **irony** and **sarcasm** as well as **puns**. Puns are **wordplays** and work because some words have different meanings or sound like another word. Besides the funny **tone**, humor is used for **self-defense**. It also functions as a **coping mechanism**, i. e. a strategy to **deal with** problems or difficult situations.

humor [ˈhjuːmɚ] *n, AE*	**Humor**
= humour *BE*	
have a sense of humor	einen Sinn für Humor haben
black humor	schwarzer Humor
tell *v*	**erzählen**
tell jokes	Witze erzählen
tone *n*	**Ton**
manner *n, no pl*	*hier:* **Art, Weise**
playful manner	spielerische Weise
mockery [ˈmɑːkɚi] *n*	**Hohn, Spott**
self-mockery	Selbstspott, Selbstironie
make a mockery of oneself	sich zum Gespött machen
mock [mɑːk] *v*	**höhnen, spotten**
mock sb	jdn verspotten, sich über jdn lustig machen
mock sth	etw lächerlich machen
irony [ˈaɪrˠni] *n, no pl*	**Ironie**
▸ ironic	▸ ironisch, spöttisch
sarcasm [ˈsɑːrkæzˠm] *n*	**Sarkasmus**
▸ sarcastic	▸ sarkastisch

exaggeration [ɪgˌzædʒᵊrˈeɪʃᵊn] *n*

Übertreibung; Überspitzung
*(Achtung! "Du übertreibst!" kann
nicht mit *"You exaggerate!"
übersetzt werden. Besser wäre:
"You're taking it too far!" oder
"That's too much!")*

= overstate
have a tendency to exaggerate
▸ exaggerate (sth)
hyperbola [haɪˈpɜːrbᵊlə] *n*

zu Übertreibungen neigen
▸ (etw) übertreiben
Hyperbel *(sprachliche Übertreibung)*

metaphor [ˈmeṭəfɔːr] *n*
acronym [ˈækrənɪm] *n*
pun [pʌn] *n*
▸ pun
wordplay *n*
wordplay comedy

Metapher
Akronym, Kurzwort
Wortspiel, Wortwitz
▸ mit Worten spielen
Wortspiel
Sprachkomik

....

mechanism [ˈmekənɪzᵊm] *n*
coping mechanism

defence mechanism
strategy *n*
behavior(al) strategy
communicative strategy
defense *n*, *AE*
= defence *BE*
use sth in self-defense

Mechanismus, Methode
Bewältigungsmechanismus,
Bewältigungsstrategie
Abwehrmechanismus
Strategie, Vorgehensweise
Verhaltensstrategie
Kommunikationsstrategie
Schutz, Verteidigung

etw zur Selbstverteidigung
nutzen

....

cope (with sth) [koʊp] *v*

Junior has a hard time **coping with
the sudden changes** in his life.

deal with sth *v*

**(mit etw) zurechtkommen,
etw bewältigen**
Junior tut sich schwer damit,
die plötzlichen Veränderungen
in seinem Leben zu bewältigen.
**mit etw umgehen, mit etw fertig
werden**

explanatory [ɪkˈsplænətɔːri] *adj*   erklärend
   ▸ explanation   ▸ Erklärung
   ▸ explain (sth)   ▸ (etw) erklären

address (sb / sth) [əˈdres] *v (e.g. the*   (jdn / etw) ansprechen
  reader)
point out sb / sth (to sb) *v*   (jdn) auf jdn / etw hinweisen;
                                      (jdn) auf jdn / etw aufmerk-
                                      sam machen

thought *n*   Gedanke, Überlegung
  stimulate thoughts   Gedanken anregen
  thought-provoking   nachdenklich stimmend
make sb think *v*   jdn zum Nachdenken anregen
question (sb / sth) *v (e.g. stereotypes)*   (jdn / etw) hinterfragen

4.3 The cartoons

4.3.1 Cartoons and the text

Multi-layered novel

Junior's cartoons are important in the novel because they **serve many purposes**:
They ...
1) ... make it possible for anyone to understand the **main plot**.
2) ... make the novel **multi-dimensional**. That means that there is not just one level of reading and meaning.
3) ... **lay emphasis on** certain aspects of Junior's narration.
4) ... can and should be **interpreted** by the reader in order to ...
5) ... **make them think about** the problems and topics addressed.

---

multi-dimensional [ˈmʌltiˌdɪˈmen(t)ʃˀnˀl] *adj* — vielschichtig

(main) plot *n* — (Haupt-)Handlung

visualization [ˌvɪʒuˀlɪˈzeɪʃˀn] *n, uncount* — Veranschaulichung
  ‣ visualize (sth) — ‣ (etw) veranschaulichen, (etw) visualisieren
  The cartoons serve as a visualization of the text. — Die Cartoons dienen der Visualisierung des Textes.

serve as sth *v* — als etw dienen, als etw fungieren
  serve different functions — verschiedene Funktionen erfüllen

emphasis [ˈem(p)fəsɪs] *n* — Betonung
  lay (great) emphasis on sth — etw (sehr) betonen
  ‣ emphasize (sth) — ‣ (etw) betonen
  With his cartoons, Junior **puts great emphasis on** what matters to him. — Mit seinen Cartoons betont Junior das, was er für wichtig erachtet.

---

interpretation [ɪnˌtɜːrprəˈteɪʃən] *n*
 ‣ interpret sth
complement [ˈkɑːmplɪmənt] *v*
 ‣ complementary
 ‣ complement
 Junior's cartoons complement his
 narrative.
additional [əˈdɪʃᵊnᵊl] *adj*
literacy [ˈlɪtrəsɪ] *n*
 visual literacy
 reading literacy

Interpretation
 ‣ etw interpretieren
ergänzen
 ‣ ergänzend
 ‣ Ergänzung
 Juniors Cartoons ergänzen
 seine Erzählung.
zusätzlich
Lese- und Schreibfähigkeit
 Bildverständniskompetenz
 Lesekompetenz

4.3.2 Role and meaning in the novel

The general role of the cartoons is to:	
demonstrate a different means of communication	einen alternativen Weg der Kommunikation aufzuzeigen
show the unpredictability of words [ˌʌnprɪˌdɪktəˈbɪlətɪ], *no pl*	die Unberechenbarkeit von Worten zu zeigen
visualize what might be hard to express with words [ˈvɪʒuəlaɪz]	das, was mit Worten schwer auszudrücken ist, zu visualisieren
prove their independence of language(s)	die Unabhängigkeit von Sprache(n) zu beweisen
stimulate thoughts [ˈstɪmjəleɪt]	Gedanken anzuregen

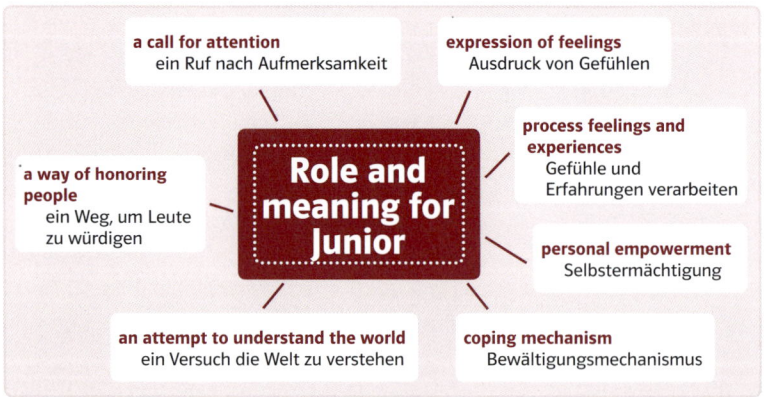

a call for attention
ein Ruf nach Aufmerksamkeit

expression of feelings
Ausdruck von Gefühlen

process feelings and experiences
Gefühle und Erfahrungen verarbeiten

Role and meaning for Junior

a way of honoring people
ein Weg, um Leute zu würdigen

personal empowerment
Selbstermächtigung

an attempt to understand the world
ein Versuch die Welt zu verstehen

coping mechanism
Bewältigungsmechanismus